Impressum
Verlag: BABADADA GmbH, Nedderfeld 112 , 22529 Hamburg
Geschäftsführer / Verlagsleitung: Harald Hof
Druck: Books on Demand GmbH, In de Tarpen 42, 22848 Norderstedt

Imprint
Publisher: BABADADA GmbH, Nedderfeld 112 , 22529 Hamburg, Germany
Managing Director / Publishing direction: Harald Hof
Print: Books on Demand GmbH, In de Tarpen 42, 22848 Norderstedt, Germany

школа
la escuela

класна кімната
el salón de clases

ділити
dividir

186/2

дошка
el pizarrón

шкільний двір
el patio

вчитель
el maestro

папір
el papel

писати
escribir

ручка
el bolígrafo

письмовий стіл
el escritorio

лінійка
la regla

книга
el libro

учень
el alumno

ранець

la mochila

пенал

la caja de lápices

олівець

el lápiz

точило

el sacapuntas

гумка

la goma de borrar

альбом для малювання

el bloc de dibujo

малюнок

el dibujo

пензель

el pincel

коробка фарб

la caja de lápices de color

ножиці

las tijeras

клей

el pegamento

зошит

el libro de ejercicios

домашнє завдання

la tarea

12

число

el número

2+2

додавати

sumar

5-2

віднімати

restar

2×2

множити

multiplicar

рахувати

calcular

A

літера

la letra

ABCDEFG HIJKLMN OPQRSTU VWXYZ

абетка

el alfabeto

слово

la palabra

текст

el texto

читати

leer

крейда

la tiza

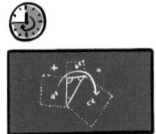

година

la lección

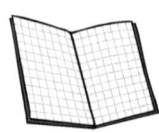

класний журнал

el cuaderno de clase

екзамен

el examen

диплом

el certificado

шкільна форма

el uniforme

освіта

la educación

лексикон

la enciclopedia

університет

la universidad

мікроскоп

el microscopio

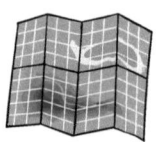

карта

el mapa

кошик для паперу

el bote de basura

подорож

el viaje

готель
el hotel
Grand
турбаза
el hostel
ROOMS
обмінний пункт
la casa de cambio
EXCHANGE
валіза
la maleta
автомобіль
el carro

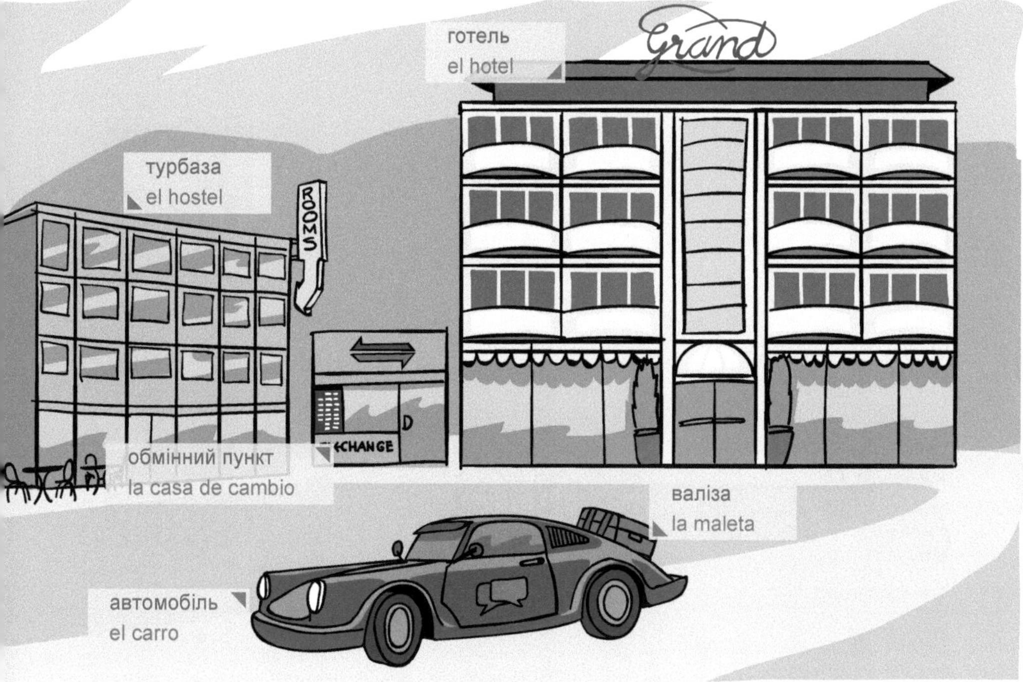

мова

el idioma

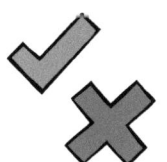

так / ні

sí / no

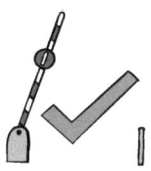

добре

Órale

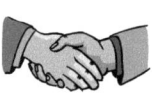

привіт

hola

перекладач

el traductor

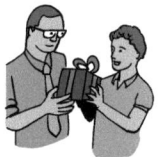

дякую

Gracias

Скільки коштує ...?

¿cuánto cuesta...?

Я не розумію

No entiendo

проблема

el problema

Добрий вечір!

¡Buenas tardes!

Доброго ранку!

¡Buenos días!

На добраніч!

¡Buenas noches!

До побачення

adiós

напрямок

la dirección

багаж

el equipaje

сумка

la bolsa

рюкзак

la mochila

гість

el invitado

кімната

la recámara

спальний мішок

la bolsa de dormir

намет

la tienda de campaña

туристична інформація

la información turística

пляж

la playa

кредитна картка

la tarjeta de crédito

сніданок

el desayuno

обід

el almuerzo

вечеря

la cena

квиток

el billete

ліфт

el ascensor

поштова марка

el sello

межа

la frontera

митниця

la aduana

посольство

la embajada

віза

la visa

паспорт

el pasaporte

транспорт
el transporte

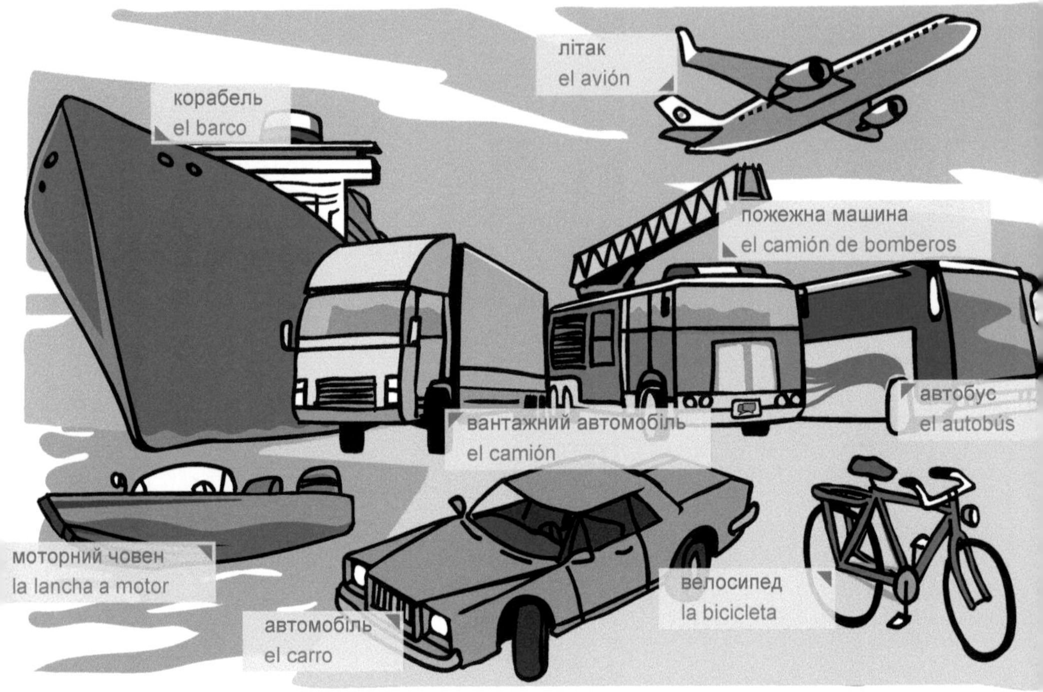

літак
el avión
корабель
el barco
пожежна машина
el camión de bomberos
автобус
el autobús
вантажний автомобіль
el camión
моторний човен
la lancha a motor
велосипед
la bicicleta
автомобіль
el carro

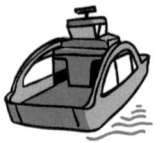

пором

el ferry

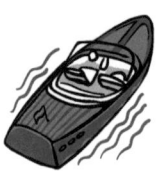

човен

el bote

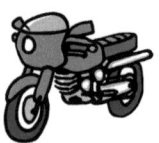

мотоцикл

la motocicleta

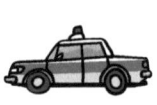

поліцейська машина

la patrulla

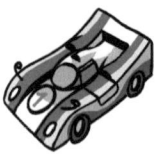

гоночний автомобіль

el coche de carreras

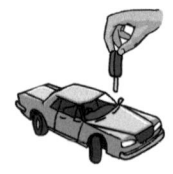

автомобіль на прокат

el auto para rentar

спільне користування авто

la renta de autos

евакуатор

la grúa

сміттєвоз

el camión recolector de basura

двигун

el motor

паливо

la gasolina

автозаправна станція

la gasolinera

дорожній знак

la señal de tráfico

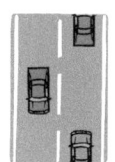

рух

el tránsito

затор

el embotellamiento

стоянка

el aparcamiento

вокзал

la estación de tren

рейки

las vías

потяг

el tren

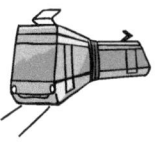

трамвай

el tranvía

вагон

el vagón

гелікоптер

el helicóptero

аеропорт

el aeropuerto

вежа

la torre

пасажир

el pasajero

контейнер

el contenedor

коробка

la caja de cartón

візок

la carretilla

кошик

la cesta

стартувати / приземлятися

despegar / aterrizar

місто

la ciudad

село

el pueblo

центр міста

el centro de la ciudad

дім

la casa

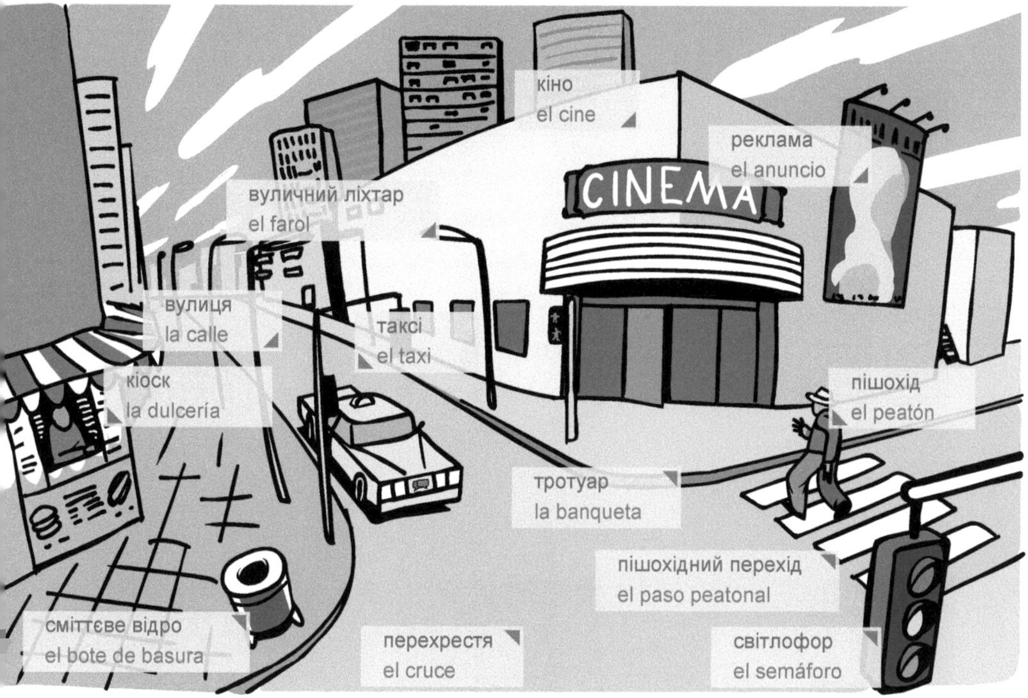

кіно
el cine
CINEMA
реклама
el anuncio
вуличний ліхтар
el farol
вулиця
la calle
таксі
el taxi
кіоск
la dulcería
пішохід
el peatón
тротуар
la banqueta
пішохідний перехід
el paso peatonal
сміттєве відро
el bote de basura
перехрестя
el cruce
світлофор
el semáforo

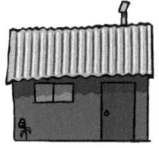

хатина

la cabaña

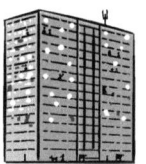

квартира

el apartamento

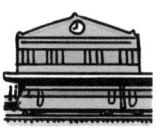

вокзал

la estación de tren

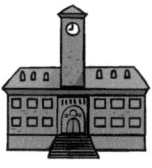

ратуша

el ayuntamiento

MUSEUM

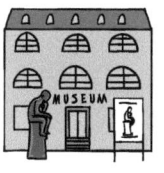

музей

el museo

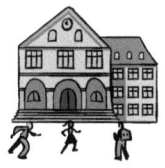

школа

la escuela

університет

la universidad

банк

el banco

лікарня

el hospital

готель

el hotel

аптека

la farmacia

офіс

la oficina

книжковий магазин

la librería

магазин

la tienda

квітковий магазин

la florería

супермаркет

el supermercado

ринок

el mercado

універмаг

las grandes tiendas

торговець рибою

la pescadería

торговельний центр

el centro comercial

гавань

el puerto

парк

el parque

лава

el banco

міст

el puente

сходи

las escaleras

метро

el metro

тунель

el túnel

автобусна зупинка

la parada de autobús

бар

el bar

ресторан

el restaurante

поштова скринька

el buzón

вулична табличка

el letrero

лічильник паркування

el parquímetro

зоопарк

el zoológico

басейн

la alberca

мечеть

la mezquita

ферма

la granja

забруднення
навколишнього
середовища
la contaminación

кладовище

el cementerio

церква

la iglesia

дитячий майданчик

el área de niños

храм

el templo

ландшафт
el paisaje

листок
la hoja

вказівний стовп
la señal

шлях
el camino

луг
la pradera

камінь
la piedra

дерево
el árbol

мандрівник
el caminante

річка
el río

трава
el pasto

квітка
la flor

долина

el valle

гора

la montaña

озеро

el lago

ліс

el bosque

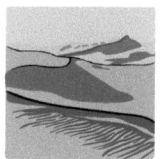

пустеля

el desierto

вулкан

el volcán

замок

el castillo

веселка

el arco iris

гриб

el champiñón

пальма

la palmera

комар

el mosquito

муха

la mosca

мурашка

la hormiga

бджола

la abeja

павук

la araña

жук

el escarabajo

жаба

la rana

вивірка

la ardilla

їжак

el erizo

заєць

la liebre

сова

la lechuza

птах

el pájaro

лебідь

el cisne

кабан

el jabalí

олень

el ciervo

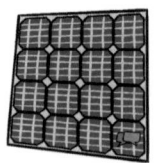

лось

el alce

гребля

el embalse

вітряк

la turbina eólica

сонячний модуль

el panel solar

клімат

el clima

ресторан
el restaurante

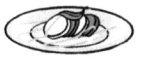

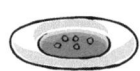

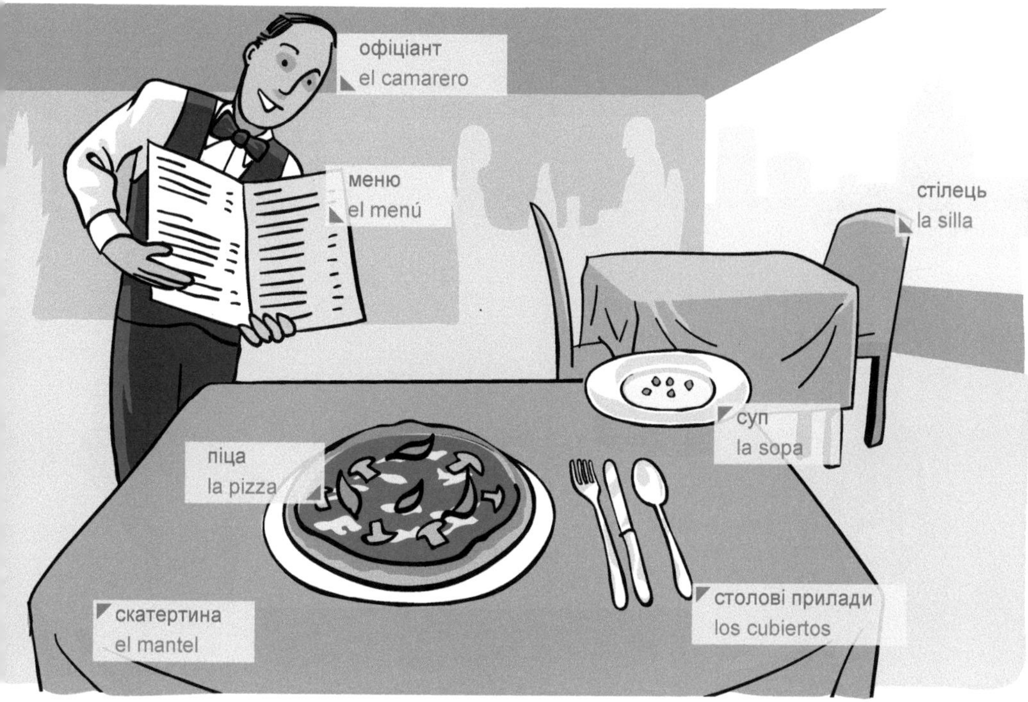
офіціант
el camarero
меню
el menú
стілець
la silla
суп
la sopa
піца
la pizza
скатертина
el mantel
столові прилади
los cubiertos

закуска

la entrada

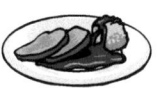

друга страва

el plato fuerte

десерт

el postre

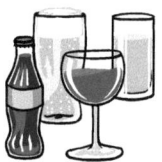

напої

las bebidas

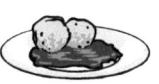

їжа

la comida

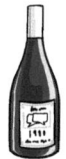

пляшка

la botella

фаст-фуд

la comida rápida

вулична їжа

la comida de la calle

чайник

la tetera

цукорниця

la azucarera

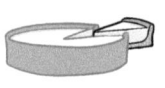

порція

la porción

еспресо-машина

la cafetera espresso

високий стільчик

la periquera

рахунок

la cuenta

піднос

la charola

ніж

el cuchillo

вилка

el tenedor

ложка

la cuchara

чайна ложка

la cuchara de té

серветка

la servilleta

склянка

el vaso

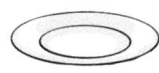

тарілка

el plato

тарілка для супу

el plato hondo

блюдце

el plato

соус

la salsa

солонка

el salero

млин для перцю

el molino para pimienta

оцет

el vinagre

масло

el aceite

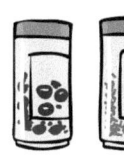

спеції

las especias

кетчуп

el kétchup

гірчиця

la mostaza

майонез

la mayonesa

супермаркет
el supermercado

пропозиція
la oferta especial
FOR
клієнт
el cliente
молочні продукти
los productos lácteos
фрукти
la fruta
візок для покупок
el carrito para compras

BUTCHERS

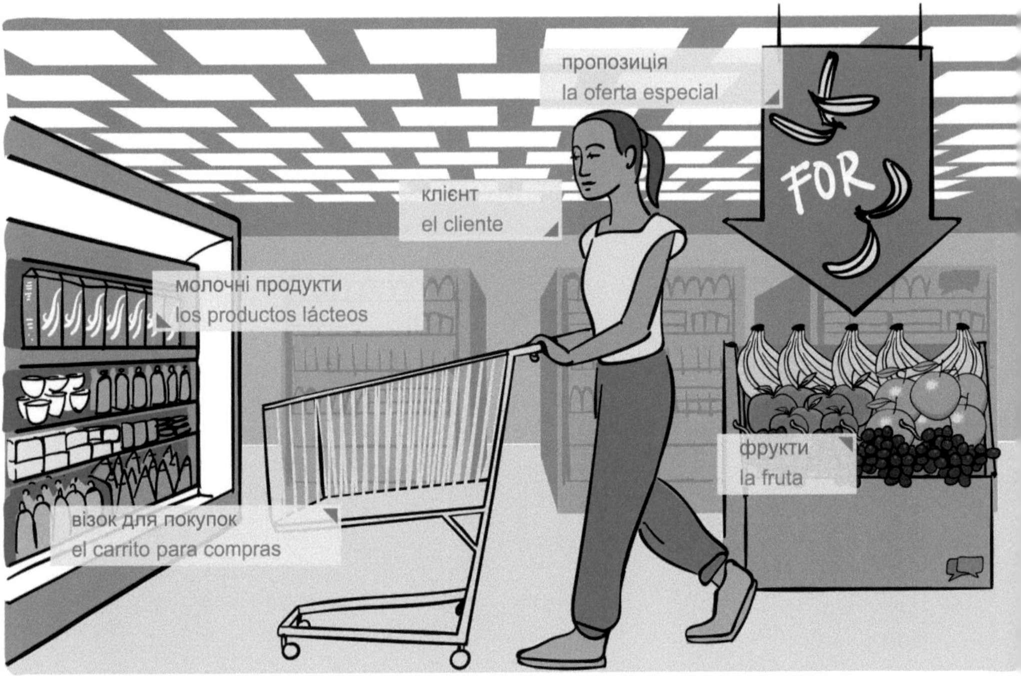

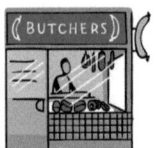

м'ясний магазин

la carnicería

BAKERY

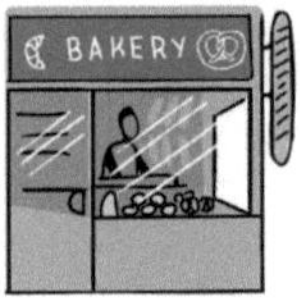

пекарня

la panadería

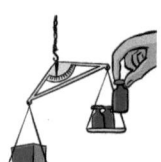

зважувати

pesar

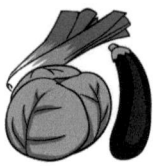

овочі

los vegetales

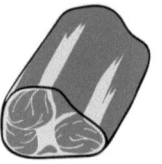

м'ясо

la carne

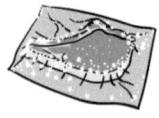

заморожені продукти

los alimentos congelados

ковбасна нарізка

las carnes frías

консерви

los alimentos enlatados

пральний порошок

el detergente en polvo

солодощі

los dulces

предмети домашнього побуту

los electrodomésticos

мийний засіб

productos de limpieza

продавщиця

la vendedora

каса

la caja

касир

el cajero

список покупок

la lista de compras

часи роботи

el horario de atención al público

гаманець

la cartera

кредитна картка

la tarjeta de crédito

сумка

la bolsa

поліетиленовий пакет

la bolsa de plástico

вода

el agua

сік

el jugo

молоко

la leche

кола

el refresco de cola

вино

el vino

пиво

la cerveza

алкоголь

el alcohol

какао

el cacao

чай

el té

кава

el café

еспресо

el espresso

капучіно

el cappuccino

банан

el plátano

яблуко

la manzana

апельсин

la naranja

кавун

el melón

лимон

el limón

морква

la zanahoria

часник

el ajo

бамбук

el bambú

цибуля

la cebolla

гриб

el champiñón

горішки

las nueces

локшина

los fideos

спагеті

los espaguetis

рис

el arroz

салат

la ensalada

картопля фрі

las patatas fritas

смажена картопля

las patatas fritas

піца

la pizza

гамбургер

la hamburguesa

бутерброд

el emparedado

шніцель

el filete

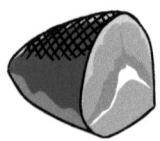

шинка

el jamón

салямі

el salami

ковбаса

la salchicha

курка

el pollo

печеня

el asado

риба

el pescado

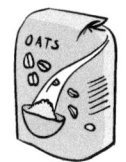

вівсяні пластівці

los copos de avena

мюслі

el muesli

кукурудзяні пластівці

los copos de maíz

борошно

la harina

круасан

el cuernito

булочка

el bolillo

хліб

el pan

тостовий хліб

la tostada

печиво

las galletas

масло

la mantequilla

сир

la cuajada

пиріг

el pastel

яйце

el huevo

яєчня

el huevo frito

сир

el queso

морозиво

el helado

цукор

el azúcar

мед

la miel

мармелад

la mermelada

нуга-крем

la crema de chocolate

карі

el curry

їжа - la comida

ферма
la granja

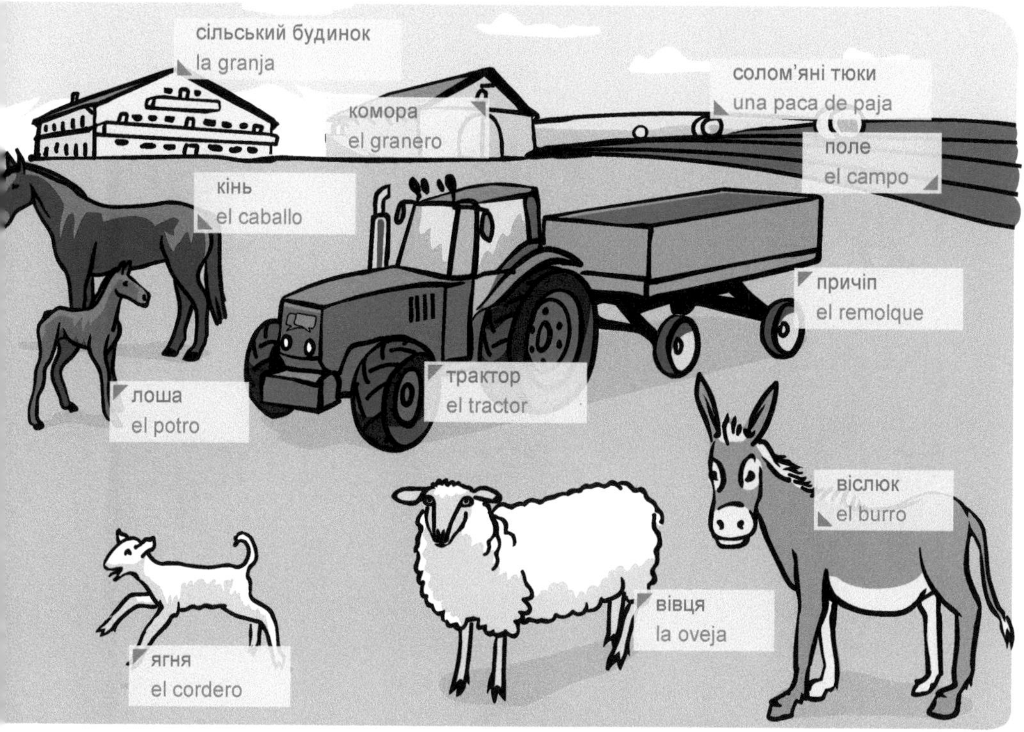

сільський будинок
la granja
комора
el granero
солом'яні тюки
una paca de paja
поле
el campo
кінь
el caballo
причіп
el remolque
трактор
el tractor
лоша
el potro
віслюк
el burro
вівця
la oveja
ягня
el cordero

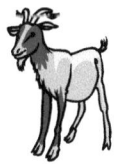

коза

la cabra

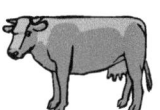

корова

la vaca

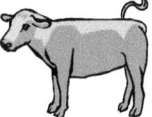

теля

el ternero

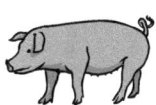

свиня

el cerdo

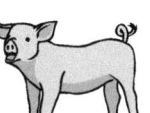

порося

el lechón

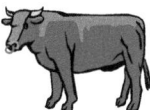

бик

el toro

гусак

el ganso

качка

el pato

курча

el pollo

курка

la gallina

півень

el gallo

щур

la rata

кіт

el gato

миша

el ratón

віл

el buey

собака

el perro

собача будка

la casa del perro

садовий шланг

la manguera

лійка

la regadera

коса

la guadaña

плуг

el arado

серп

la hoz

мотика

el azadón

вила

la horquilla

сокира

el hacha

тачка

la carretilla

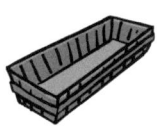

корито

el bebedero

бідон молока

el bote de leche

мішок

el saco

паркан

la valla

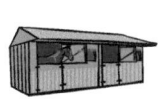

хлів

el establo

теплиця

el invernadero

ґрунт

el suelo

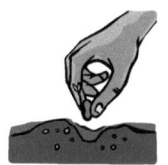

насіння

la semilla

добриво

el fertilizador

комбайн

la cosechadora

пожинати

cosechar

урожай

la cosecha

корінь ямсу

el camote

пшениця

el trigo

соя

la soja

картопля

la patata

кукурудза

el maíz

ріпак

la semilla de colza

плодове дерево

el árbol frutal

маніок

la mandioca

злаки

las cereales

дім

la casa

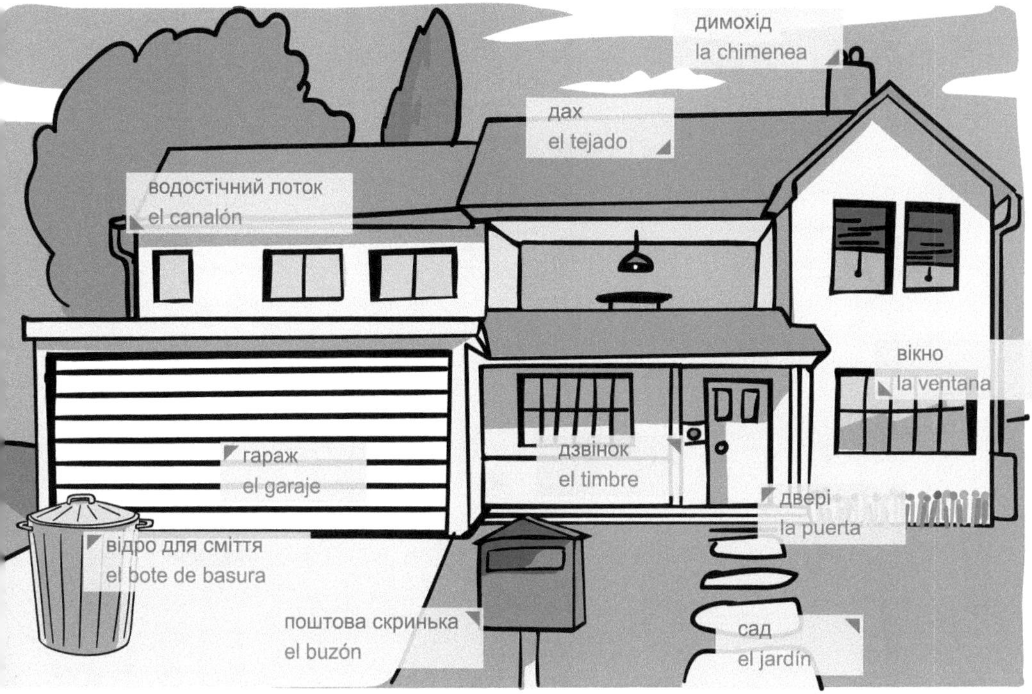

димохід
la chimenea
дах
el tejado
водостічний лоток
el canalón
вікно
la ventana
гараж
el garaje
дзвінок
el timbre
двері
la puerta
відро для сміття
el bote de basura
поштова скринька
el buzón
сад
el jardín

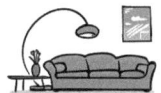

вітальня

la estancia

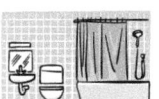

ванна кімната

el baño

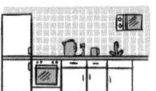

кухня

la cocina

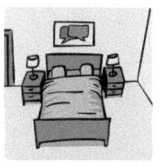

спальня

la recámara

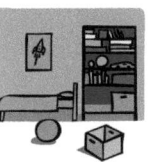

дитяча кімната

la recámara de los niños

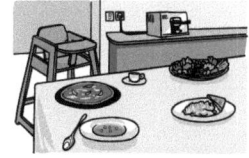

їдальня

el comedor

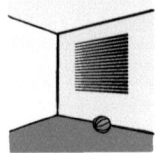

підлога

el suelo

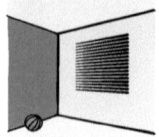

стіна

la pared

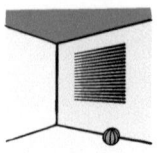

стеля

el techo

підвал

el sótano

сауна

el sauna

балкон

el balcón

тераса

la terraza

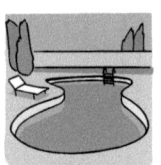

басейн

la alberca

косарка

el cortacésped

простирало

la sábana

ковдра

la colcha

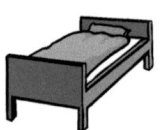

ліжко

la cama

мітла

la escoba

відро

el balde

перемикач

el interruptor

вітальня
la estancia

шпалери
el papel para empapelar
малюнок
la imagen
лампа
la lámpara
поличка
el estante
шафа
la alacena
телевізор
la televisión
камін
la chimenea
квітка
la flor
подушка
el cojín
диван
el sofá
ваза
el florero
пульт
el control remoto

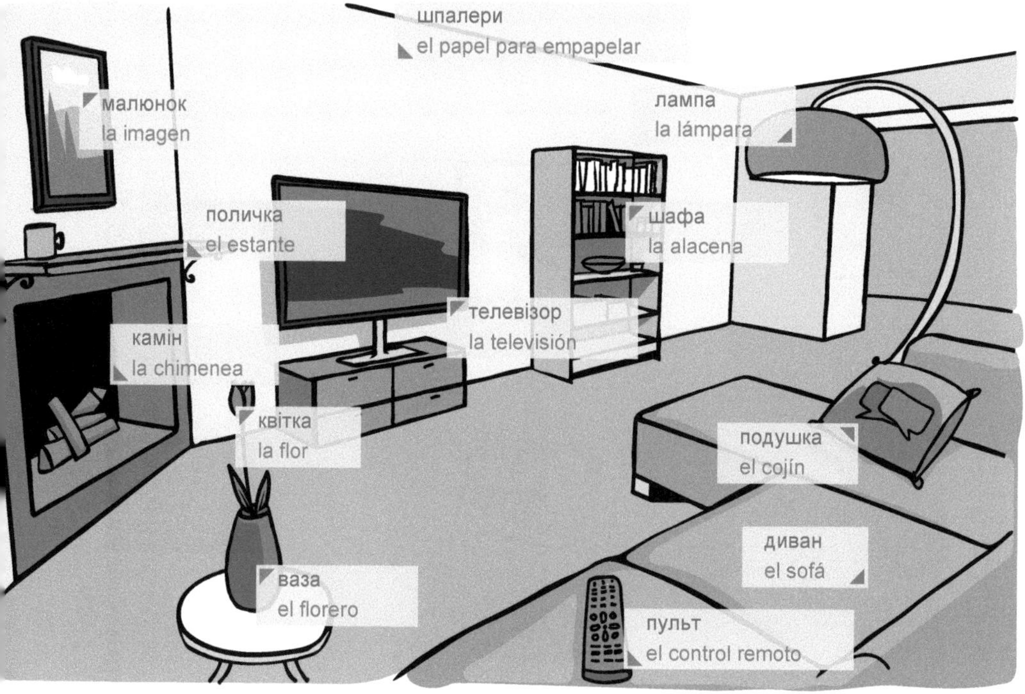

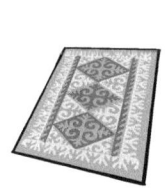

килим

la alfombra

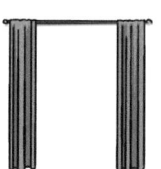

завіса

la cortina

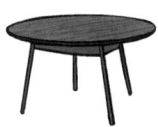

стіл

la mesa

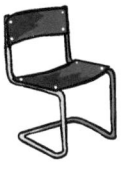

стілець

la silla

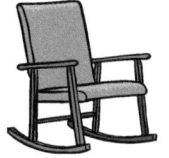

крісло-гойдалка

la mecedora

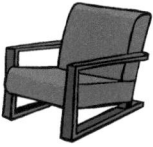

крісло

el sillón

книга

el libro

ковдра

la frazada

прикраса

la decoración

дрова

la leña

фільм

la película

стереосистема

el equipo de música

ключ

la llave

газета

el periódico

картина

la pintura

плакат

el póster

радіо

la radio

блокнот

el cuaderno

пилосос

la aspiradora

кактус

el cactus

свічка

la vela

кухня
la cocina

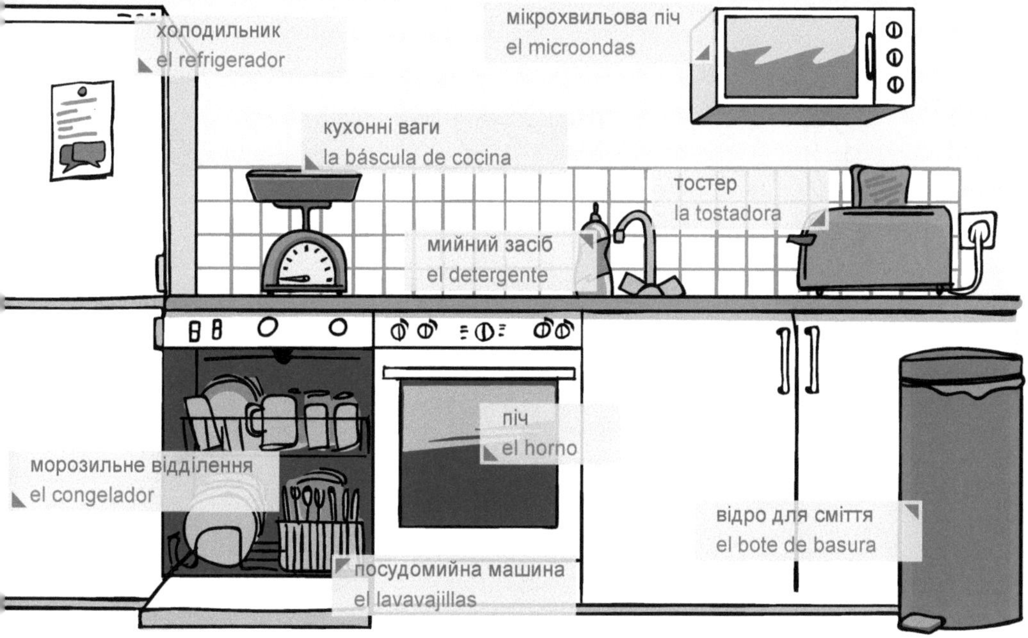

холодильник
el refrigerador
мікрохвильова піч
el microondas
кухонні ваги
la báscula de cocina
тостер
la tostadora
мийний засіб
el detergente
піч
el horno
морозильне відділення
el congelador
відро для сміття
el bote de basura
посудомийна машина
el lavavajillas

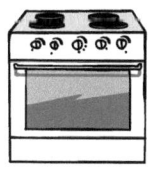

плита

la olla a presión

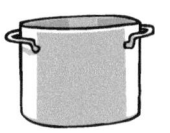

горщик

la olla

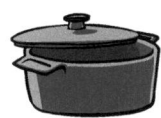

чавунний горщик

la olla de hierro fundido

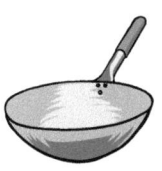

вок / кадай

el wok

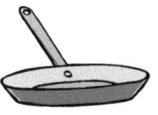

сковорода

la sartén

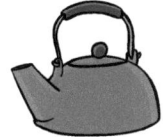

чайник

el hervidor

пароварка

la vaporera

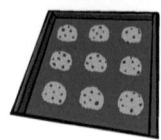

лист

la charola de horno

посуд

la loza

кухоль

la taza

чаша

el bol

палички для їжі

los palillos

черпак

el cucharón

лопатка

la espátula

вінчик для збивання

la batidora

сито

el colador

сито

el colador

терка

el rallador

ступка

el mortero

барбекю

la barbacoa

багаття

la fogata

дошка

la tabla para picar

качалка

el rodillo para amasar

штопор

el sacacorchos

конзерва

la lata

відкривачка

el abrelatas

прихватки

el guante de cocina

раковина

el fregadero

щітка

el cepillo

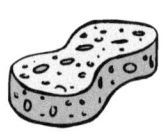

губка

la esponja

міксер

la batidora

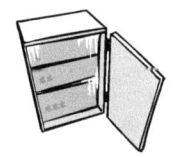

морозильна камера

el congelador

дитяча пляшка

el biberón

кран

la llave

ванна кімната

el baño

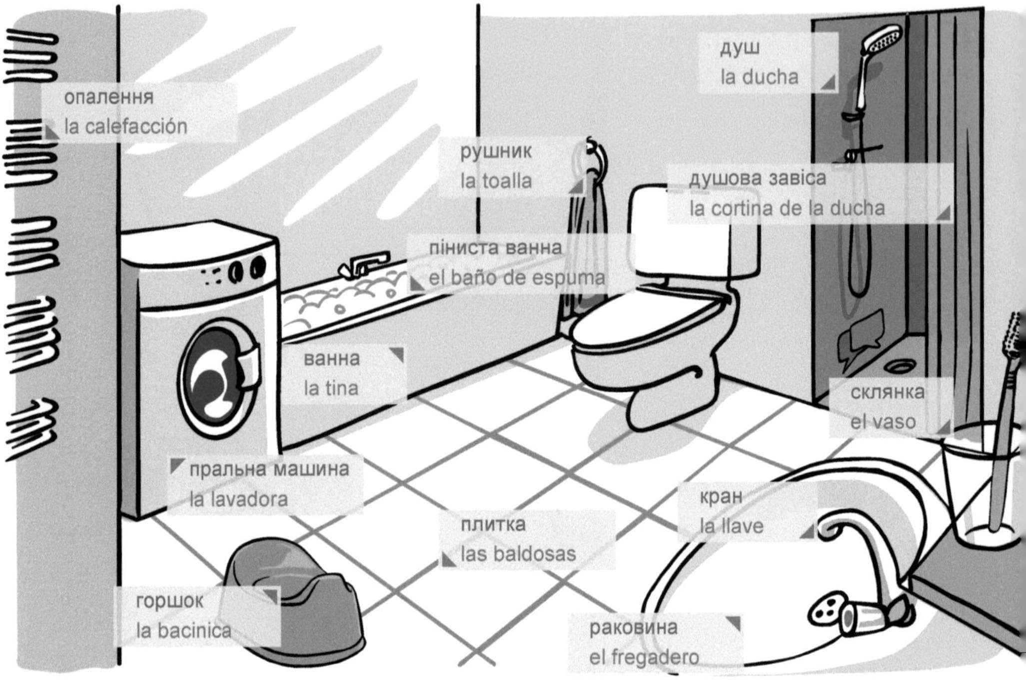

опалення
la calefacción
рушник
la toalla
душ
la ducha
душова завіса
la cortina de la ducha
пiниста ванна
el baño de espuma
ванна
la tina
склянка
el vaso
пральна машина
la lavadora
кран
la llave
плитка
las baldosas
горшок
la bacinica
раковина
el fregadero

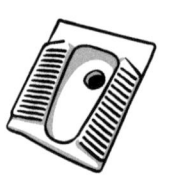

туалет

el inodoro

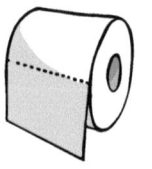

підлоговий туалет

la letrina

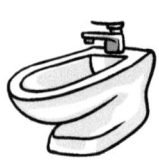

біде

el bidé

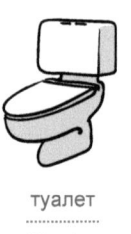

пісуар

el mingitorio

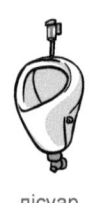

туалетний папір

el papel higiénico

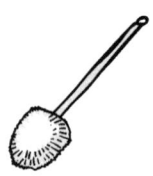

щітка для туалету

el cepillo para baño

зубна щітка

el cepillo de dientes

зубна паста

la pasta dental

нитка для чищення зубів

el hilo dental

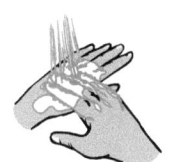

мити

lavar

ручний душ

la ducha de mano

інтимний душ

la ducha vaginal

таз

el fregadero

щітка для спини

el cepillo de espalda

мило

el jabón

гель для душу

el gel de ducha

шампунь

el champú

мочалка

la toallita

водостік

el drenaje

крем

la crema

дезодорант

el desodorante

дзеркало

el espejo

косметичне дзеркало

el espejo de tocador

бритва

la máquina para afeitar

піна для гоління

la espuma de afeitar

лосьйон після гоління

la loción para después de afeitar

гребінь

el peine

щітка

el cepillo

фен

la secadora

лак для волосся

la laca

косметика

el maquillaje

губна помада

el lápiz labial

лак для нігтів

el esmalte para uñas

вата

el algodón

ножиці для нігтів

las tijeras para uñas

парфум

el perfume

косметичка

el estuche para cosméticos

табурет

el taburete

ваги

la báscula

халат

la bata

гумові рукавички

los guantes de goma

тампон

el tampón

гігієнічні прокладки

la toalla sanitaria

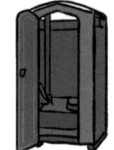

біотуалет

el baño móvil

дитяча кімната

la recámara de los niños

будильник
el despertador
м'яка іграшка
el peluche
іграшковий автомобіль
el carro de juguete
брязкальце
la sonaja
ляльковий будиночок
la casa de muñecas
подарунок
el regalo

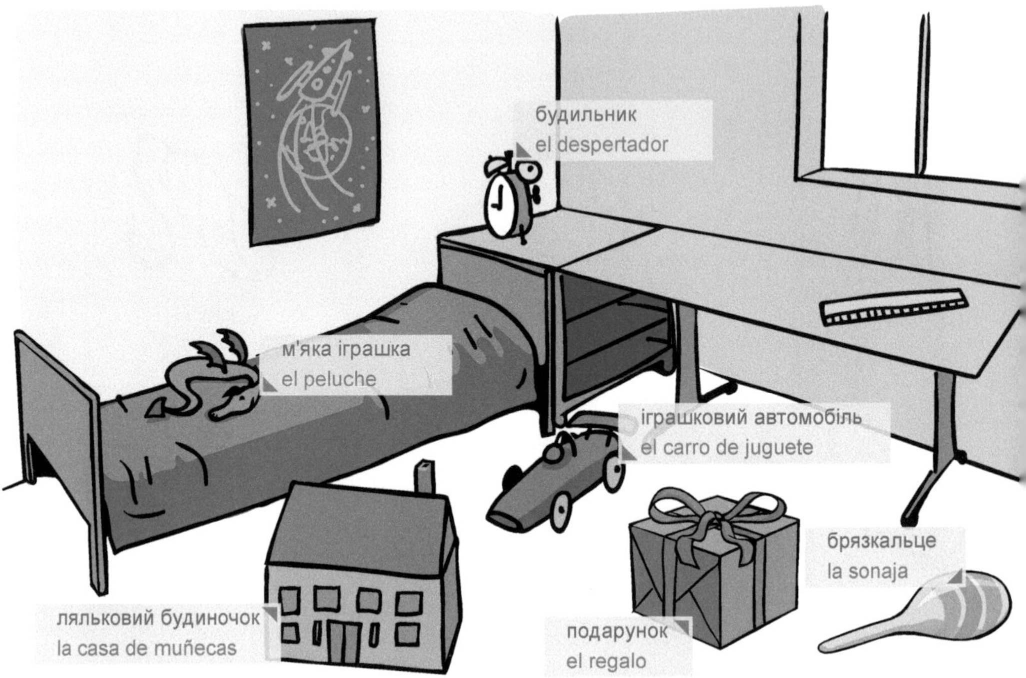

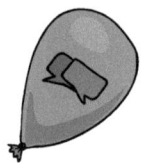

повітряна кулька

el globo

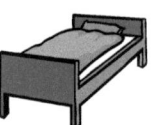

ліжко

la cama

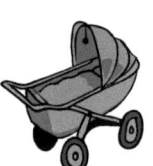

дитячий візок

la carriola

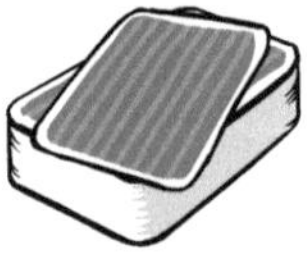

картярська гра

las cartas

пазл

el rompecabezas

SUPER
MEGA

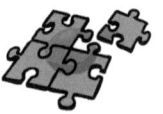

комікс

el cómic

лего цеглинки

las piezas de lego

блоки

los bloques para jugar

іграшкова фігурка

la figura de acción

повзунки

el mameluco

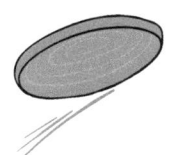

фризбі

el frisbee

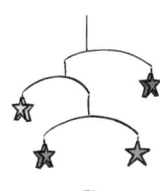

мобіле

el móvil para bebés

настільна гра

el juego de mesa

кубик

los dados

модель залізнична станція

el tren eléctrico

соска

el maniquí

вечірка

la fiesta

книжка з картинками

el álbum de fotos

м'яч

el balón

лялька

la muñeca

грати

jugar

пісочниця

el arenero

гойдалка

el columpio

іграшка

los juguetes

гральна консоль

la consola de videojuegos

триколісний велосипед

el triciclo

плюшевий мішка

el oso de peluche

шафа

el clóset

одяг

la ropa

шкарпетки

los calcetines

панчохи

las pantimedias

колготки

las mallas

шарф
la bufanda

парасоля
el paraguas

футболка
la playera

ремінь
el cinto

чоботи
las botas

домашнє взуття
las chanclas

кросівки
los tenis

сандалі
las sandalias

взуття
los zapatos

гумові чоботи
las botas de goma

труси
la ropa interior

бюстгальтер
el brasier

нижня сорочка
el chaleco

боді

el body

штани

los pantalones

джинси

los pantalones de mezclilla

спідниця

la falda

блузка

la blusa

сорочка

la camisa

пуловер

el suéter

светр

la sudadera

піджак

el saco sport

куртка

la chamarra

пальто

el abrigo

дощовик

el impermeable

костюм

el traje

сукня

el vestido

весільна сукня

el vestido de novia

костюм

el traje

нічна сорочка

el camisón

піжама

el pijama

сарі

el sari

головна хустка

el pañuelo para la cabeza

чалма

el turbante

бурка

la burka

кафтан

el caftán

абая

la abaya

купальник

el traje de baño

плавки

el short de baño

шорти

los shorts

тренувальний костюм

los pants

фартух

el delantal

рукавички

los guantes

гудзик

el botón

окуляри

las gafas

браслет

el brazalete

ланцюг

el collar

кільце

el anillo

сережка

el arete

шапка

la gorra

плічка

el gancho

капелюх

el sombrero

краватка

la corbata

застібка-блискавка

el cierre

шолом

el casco

підтяжки

los tirantes

шкільна форма

el uniforme

уніформа

el uniforme

нагрудник
el babero

соска
el maniquí

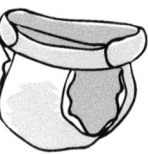

підгузок
el pañal

офіс
la oficina

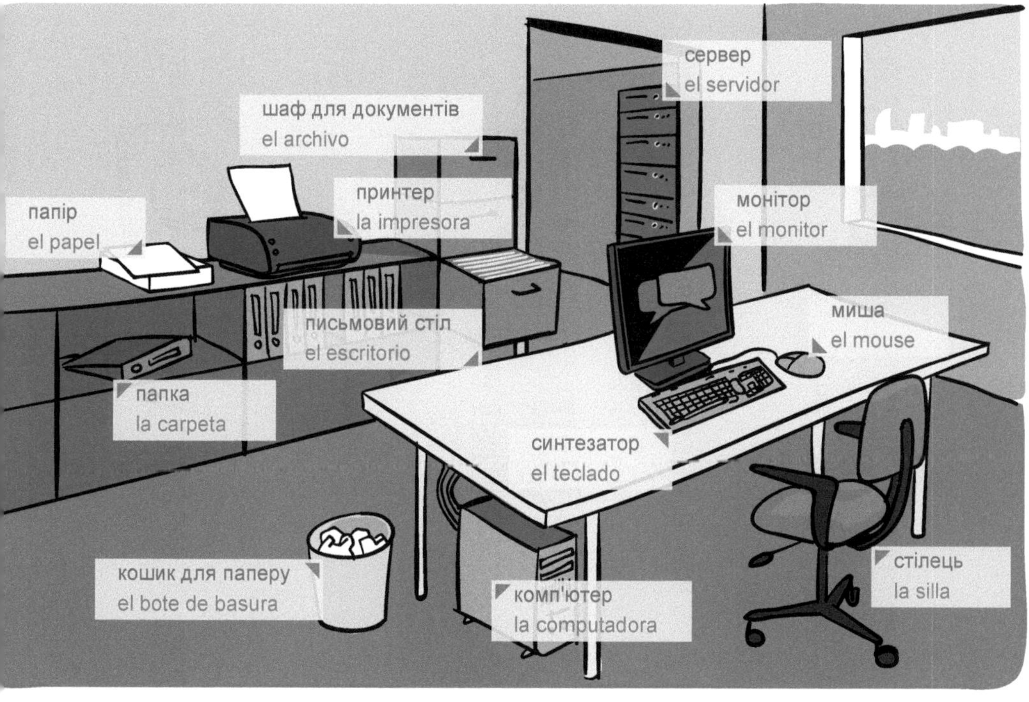

сервер
el servidor

шаф для документів
el archivo

принтер
la impresora

монітор
el monitor

папір
el papel

письмовий стіл
el escritorio

миша
el mouse

папка
la carpeta

синтезатор
el teclado

кошик для паперу
el bote de basura

стілець
la silla

комп'ютер
la computadora

кавовий кухоль
la taza de café

калькулятор
la calculadora

інтернет
el internet

ноутбук

la notebook

лист

la carta

повідомлення

el mensaje

мобільний телефон

el móvil

мережа

la red

копіювальний пристрій

la fotocopiadora

програмне забезпечення

el software

телефон

el teléfono

розетка

el tomacorriente

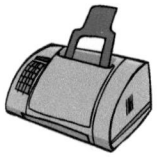

факс

el fax

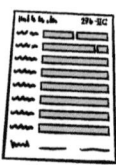

бланк

el formulario

документ

el documento

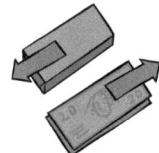

купувати

comprar

платити

pagar

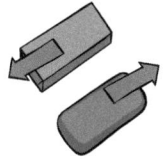

торгувати

hacer negocios

гроші

el dinero

долар

el dólar

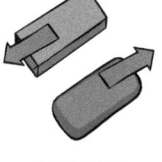

євро

el euro

ієна

el yen

рубль

el rublo

франк

el franco suizo

юанів женьміньбі

el yuan

рупія

la rupia

банкомат

el cajero automático

обмінний пункт

la casa de cambio

золото

el oro

срібло

la plata

нафта

el petróleo

енергія

la energía

ціна

el precio

контракт

el contrato

податок

el impuesto

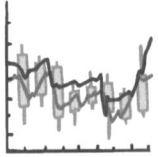

акція

la acción

працювати

trabajar

працівник

el empleado

роботодавець

el empleador

фабрика

la fábrica

магазин

la tienda

професії

las ocupaciones

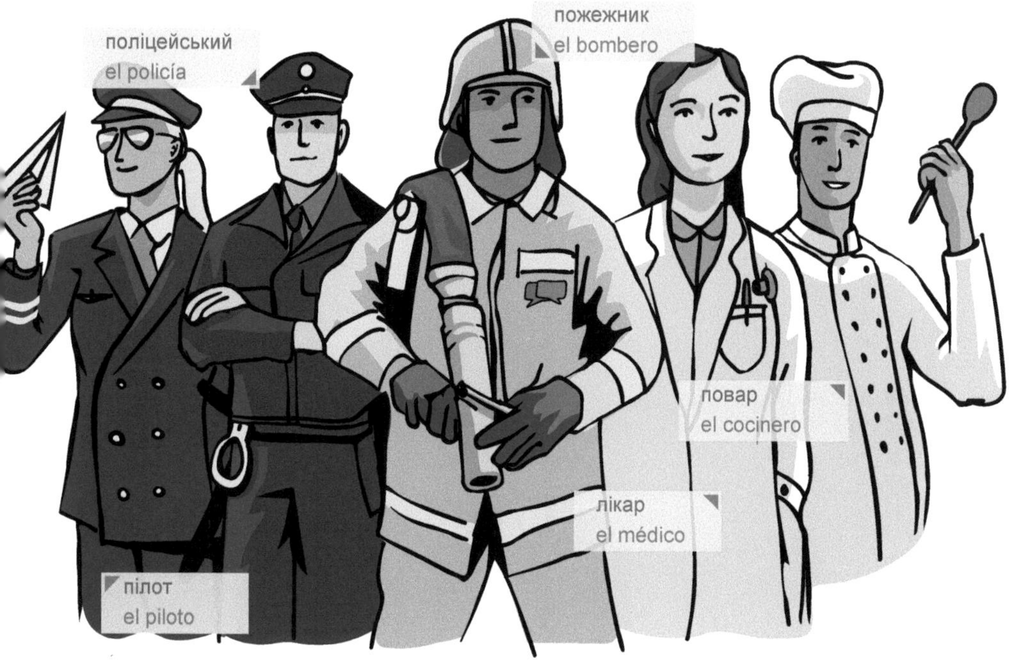

поліцейський
el policía
пожежник
el bombero
повар
el cocinero
лікар
el médico
пілот
el piloto

садівник

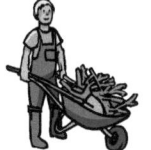

el jardinero

столяр

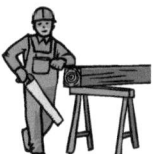

el carpintero

швачка

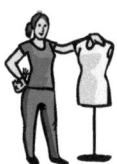

la costurera

суддя

el juez

хімік

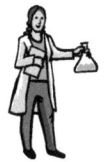

el farmacéutico

актор

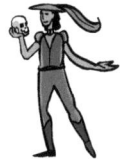

el actor

водій автобуса

el conductor de autobús

таксист

el taxista

рибалка

el pescador

прибиральниця

la señora de la limpieza

покрівельник

el instalador de techos

офіціант

el camarero

мисливець

el cazador

художник

el pintor

пекар

el panadero

електрик

el electricista

будівельник

el obrero

інженер

el ingeniero

забійник

el carnicero

бляхар

el plomero

листоноша

el cartero

солдат

el soldado

архітектор

el arquitecto

касир

el cajero

флорист

el florista

перукар

el peluquero

кондуктор

el cobrador

механік

el mecánico

капітан

el capitán

дантист

el dentista

вчений

el científico

рабин

el rabino

імам

el imán

монах

el monje

пастор

el sacerdote

інструменти
las herramientas

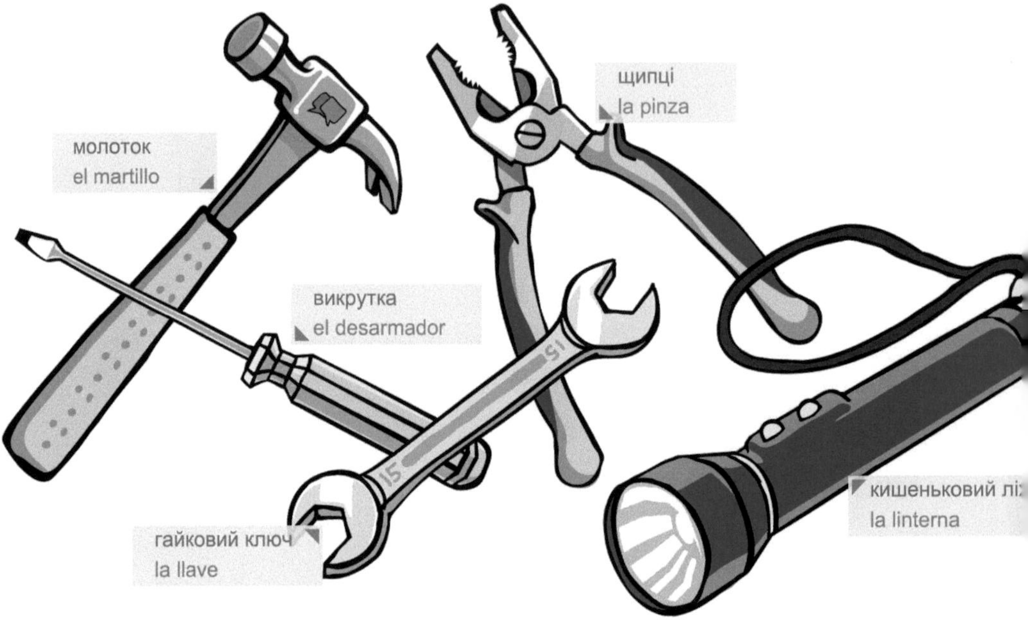

молоток
el martillo

щипці
la pinza

викрутка
el desarmador

гайковий ключ
la llave

кишеньковий лі:
la linterna

екскаватор

la excavadora

ящик для інструментів

la caja de herramientas

драбина

la escalera de mano

пилка

la sierra

цвяхи

los clavos

свердло

el taladro

ремонтувати

reparar

лопата

la pala

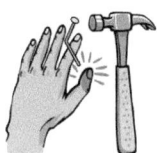

лайно!

¡Maldición!

совок

el recogedor

відро з фарбою

el bote de pintura

гвинти

los tornillos

музичні інструменти
los instrumentos musicales

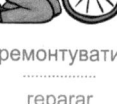

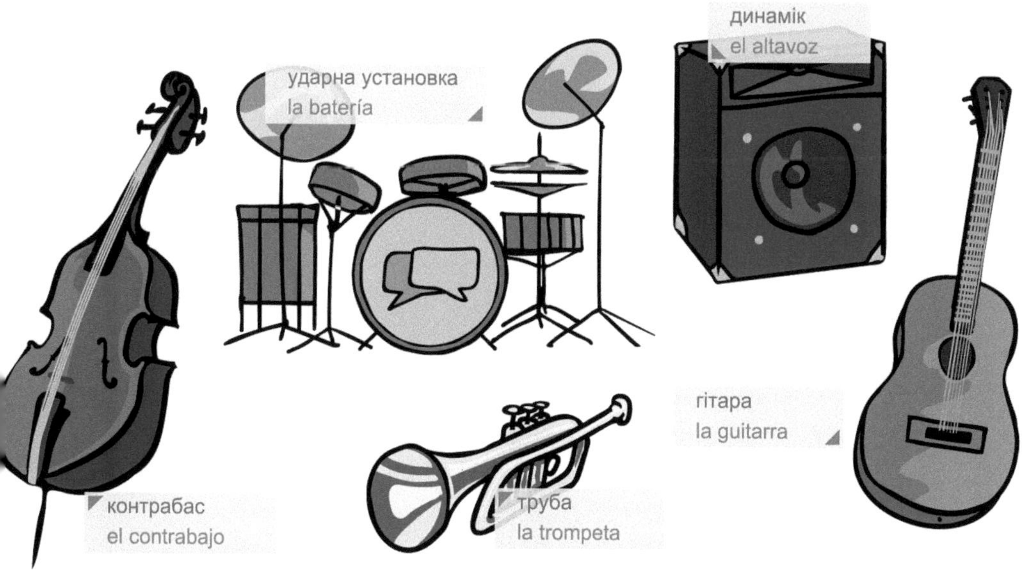

ударна установка
la batería

динамік
el altavoz

гітара
la guitarra

контрабас
el contrabajo

труба
la trompeta

фортепіано

el piano

скрипка

el violín

бас

el bajo

литаври

los timbales

барабан

el tambor

клавіатура

el teclado

саксофон

el saxofón

флейта

la flauta

мікрофон

el micrófono

зоопарк
el zoológico

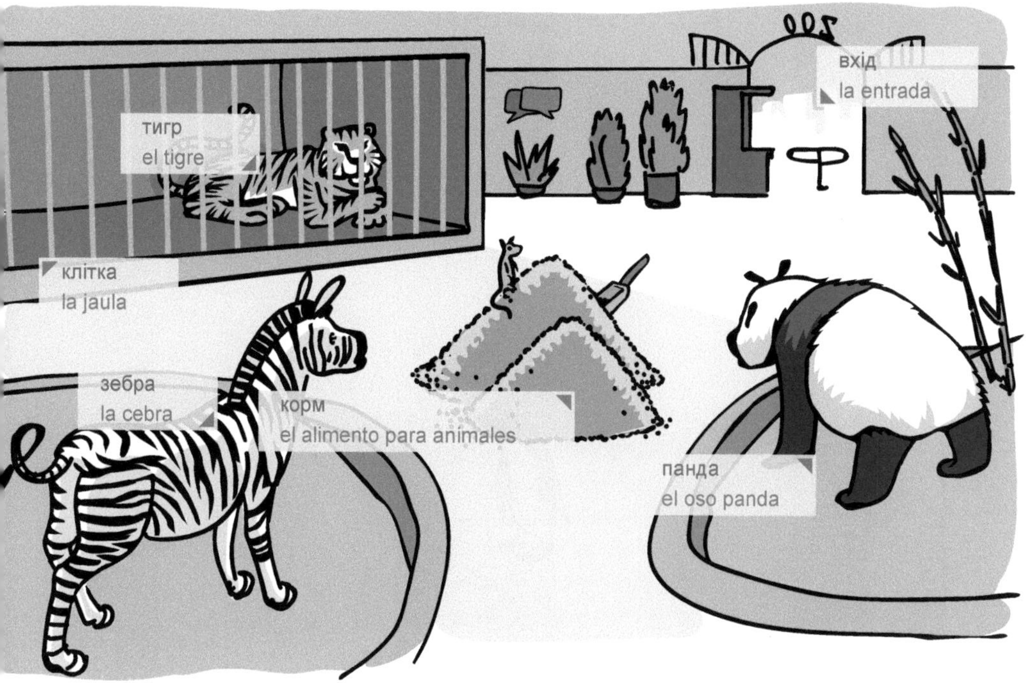

тигр
el tigre
вхід
la entrada
клітка
la jaula
зебра
la cebra
корм
el alimento para animales
панда
el oso panda

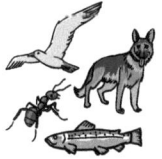

тварини

los animales

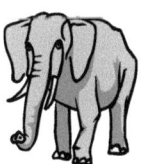

слон

el elefante

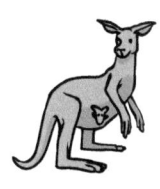

кенгуру

el canguro

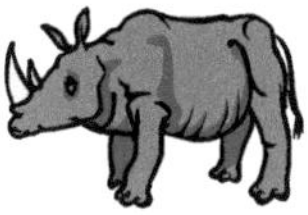

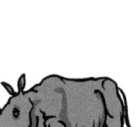

носоріг

el rinoceronte

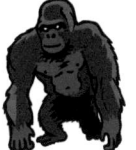

горила

el gorila

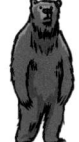

ведмідь

el oso

верблюд

el camello

страус

el avestruz

лев

el león

мавпа

el mono

фламінго

el flamenco

папуга

el loro

білий ведмідь

el oso polar

пінгвін

el pingüino

акула

el tiburón

павич

el pavo real

змія

la serpiente

крокодил

el cocodrilo

працівник зоопарку

el guardián de zoológico

тюлень

la foca

ягуар

el jaguar

поні

el poni

леопард

el leopardo

гіпопотам

el hipopótamo

жираф

la jirafa

орел

el águila

кабан

el jabalí

риба

el pescado

черепаха

la tortuga

морж

la morsa

лисиця

el zorro

газель

la gacela

los deportes

американський футбол
el fútbol americano

їзда на велосипеді
el ciclismo

теніс
el tenis

баскетбол
el baloncesto

плавання
la natación

бокс
el boxeo

хокей
el hockey sobre hielo

футбол
el fútbol

бадмінтон
el bádminton

легка атлетика
el atletismo

гандбол
el handball

лижні перегони
el esquí

поло
el polo

дії
las actividades

сміятися
reír
стрибати
saltar
обіймати
abrazar
йти
caminar
співати
cantar
мріяти
soñar
молитися
rezar
цілувати
besar

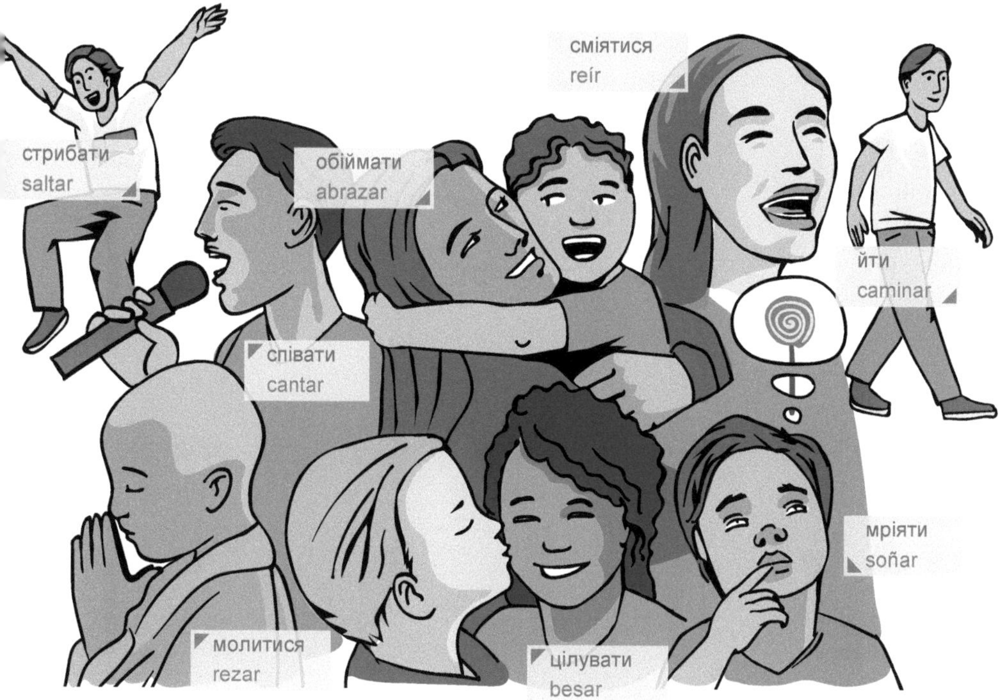

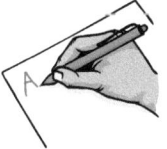

писати
escribir

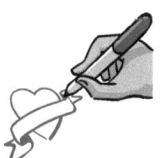

малювати
dibujar

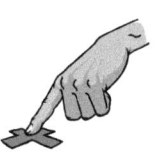

показувати
mostrar

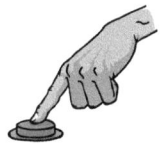

тиснути
empujar

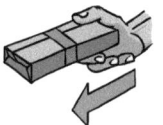

давати
dar

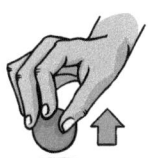

брати
tomar

мати

tener

робити

hacer

бути

ser

стояти

estar parado

бігати

correr

тягнути

jalar

кидати

arrojar

падати

caer

лежати

estar acostado

очікувати

esperar

носити

llevar

сидіти

estar sentado

одягати

vestirse

спати

dormir

просипатися

despertar

дивитися

mirar

плакати

llorar

гладити

acariciar

розчісувати

peinar

розмовляти

hablar

розуміти

entender

питати

preguntar

слухати

escuchar

пити

beber

їсти

comer

прибирати

ordenar

любити

amar

варити

cocinar

їхати

conducir

літати

volar

йти під вітрилом

navegar

рахувати

calcular

читати

leer

вчитися

aprender

працювати

trabajar

одружуватися

casarse

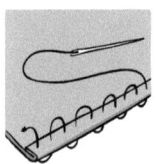

шити

coser

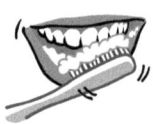

чистити зуби

cepillarse los dientes

убивати

matar

курити

fumar

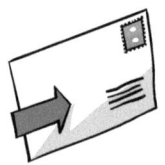

посилати

enviar

сім'я
la familia

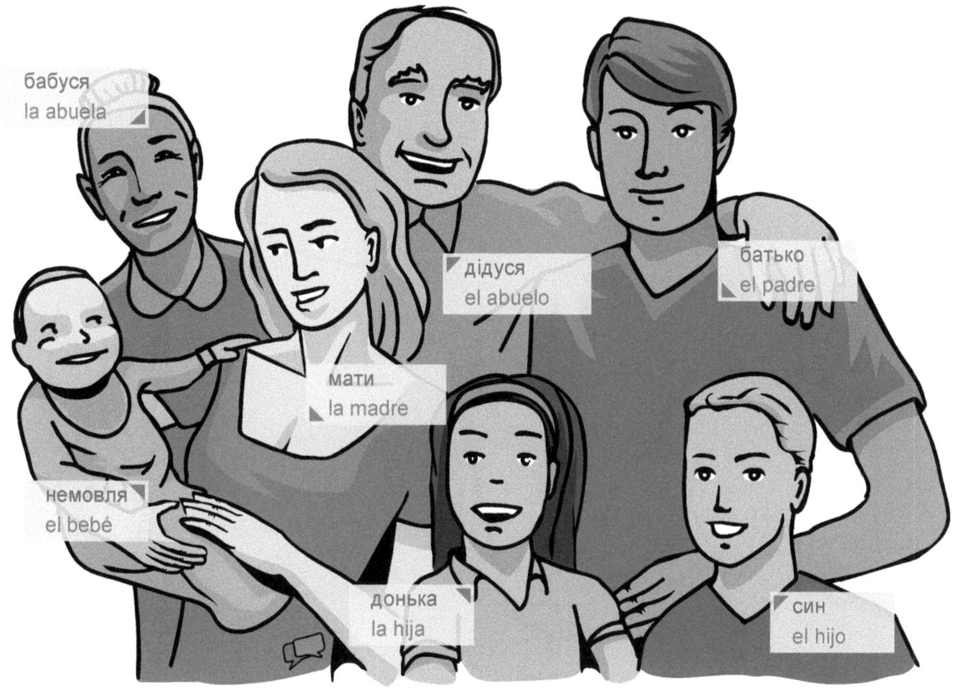
бабуся
la abuela
дідуся
el abuelo
батько
el padre
мати
la madre
немовля
el bebé
донька
la hija
син
el hijo

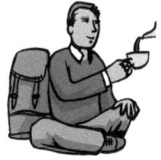

гість

el invitado

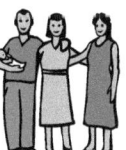

тітка

la tía

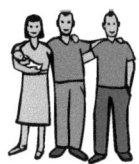

дядько

el tío

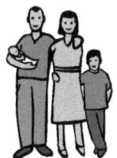

брат

el hermano

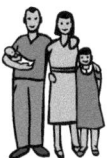

сестра

la hermana

тіло

el cuerpo

чоло
la frente
око
el ojo
плече
el hombro
палець
el dedo
обличчя
la cara
підборіддя
la barbilla
кисть
la mano
нога
la pierna
груди
el pecho
рука
el brazo

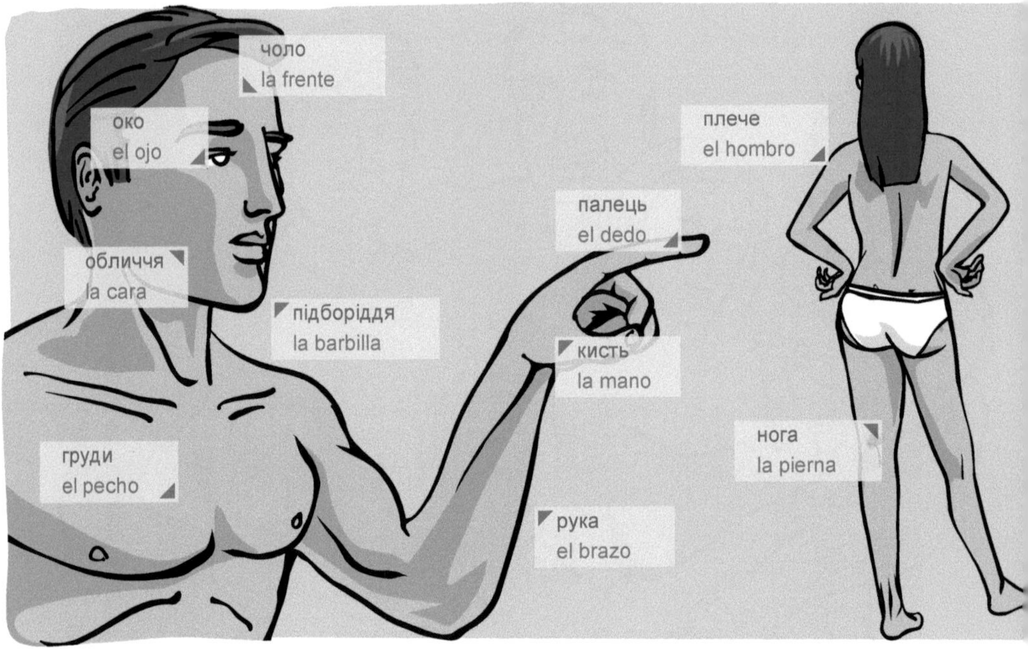

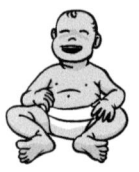

немовля

el bebé

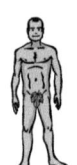

чоловік

el hombre

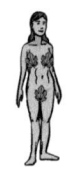

жінка

la mujer

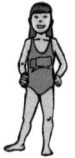

дівчина

la niña

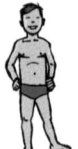

хлопчик

el niño

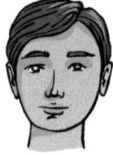

голова

la cabeza

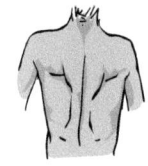

спина
la espalda

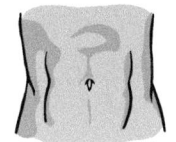

живіт
la barriga

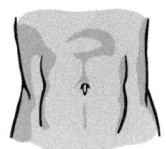

пуп
el ombligo

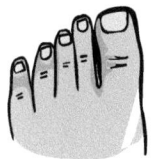

палець ноги
el dedo del pie

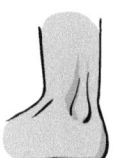

п'ята
el talón

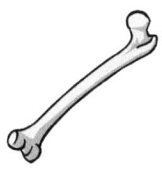

кістка
el hueso

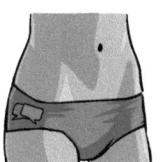

стегно
la cadera

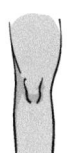

коліно
la rodilla

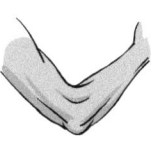

лікоть
el codo

ніс
la nariz

сідниці
las pompis

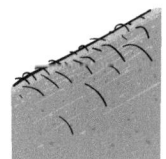

шкіра
la piel

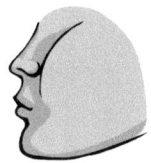

щока
la mejilla

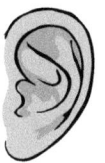

вухо
el oído

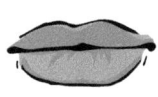

губа
el labio

рот

la boca

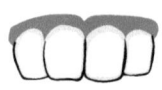

зуб

el diente

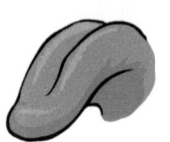

язик

la lengua

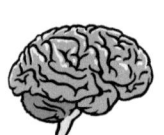

мозок

el cerebro

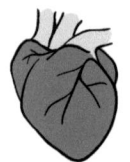

серце

el corazón

м'яз

el músculo

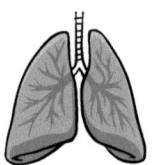

легені

el pulmón

печінка

el hígado

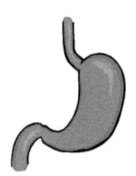

шлунок

el estómago

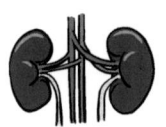

нирки

los riñones

статевий акт

el sexo

презерватив

el condón

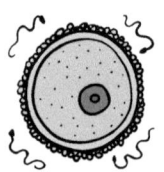

яйцеклітина

el óvulo

сперма

el semen

вагітність

el embarazo

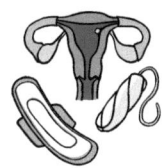

менструація
....
la menstruación

вагіна
....
la vagina

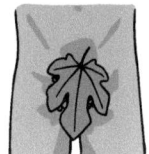

пеніс
....
el pene

брова
....
la ceja

волосся
....
el cabello

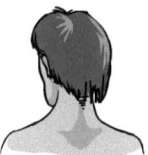

шия
....
el cuello

лікарня

el hospital

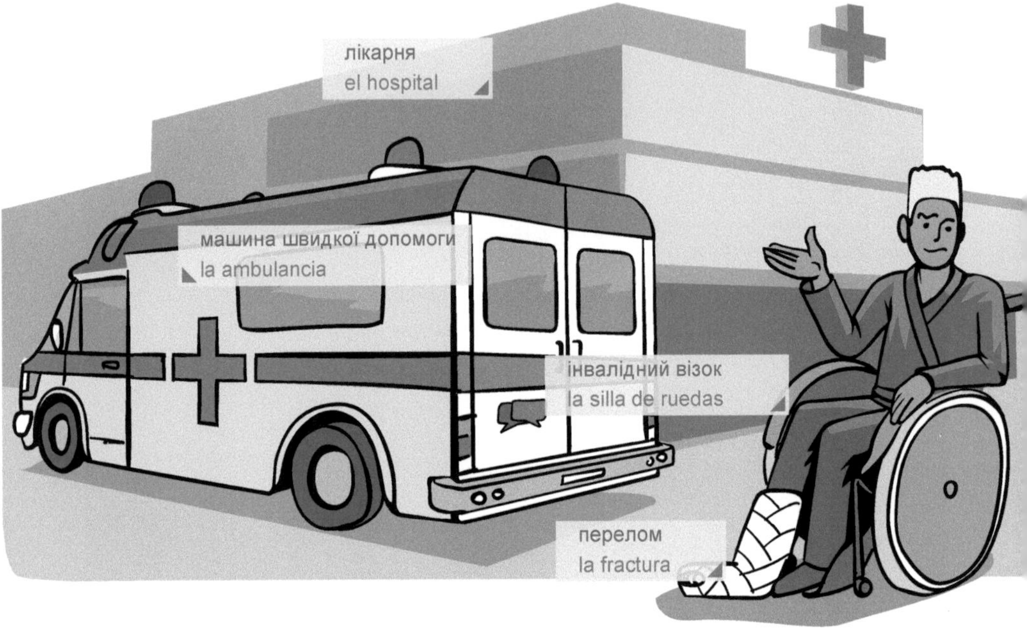

лікарня
el hospital
машина швидкої допомоги
la ambulancia
інвалідний візок
la silla de ruedas
перелом
la fractura

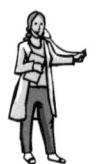

лікар

el médico

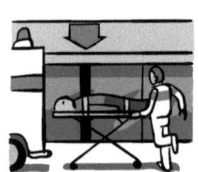

відділення швидкої медичної допомоги

la sala de emergencias

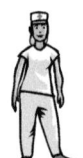

медсестра

la enfermera

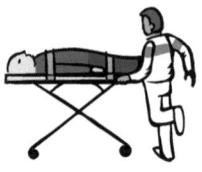

аварійний випадок

la emergencia

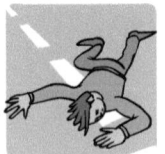

непритомний

inconsciente

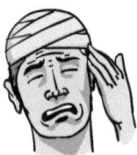

біль

el dolor

травма

la lesión

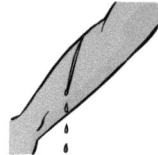

кровотеча

la hemorragia

інфаркт

el infarto

інсульт

el accidente
cerebrovascular

алергія

la alergia

кашель

la tos

лихоманка

la fiebre

грип

la gripa

пронос

la diarrea

головна біль

el dolor de cabeza

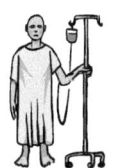

рак

el cáncer

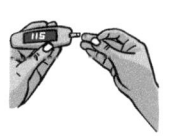

діабет

la diabetes

хірург

el cirujano

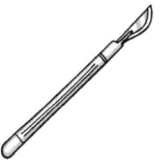

скальпель

el bisturí

операція

la operación

КТ
TC

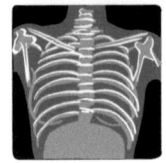

рентген
los rayos x

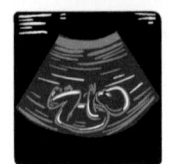

ультразвук
el ultrasonido

маска
la mascarilla

хвороба
la enfermedad

зал очікування
la sala de espera

милиця
la muleta

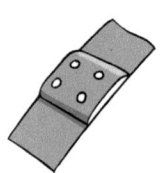

пластир
la vendita

пов'язка
el vendaje

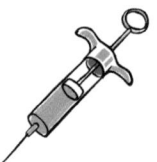

ін'єкція
la inyección

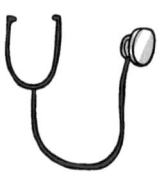

стетоскоп
el estetoscopio

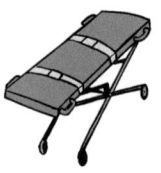

ноші
la camilla

термометр
el termómetro

народження
el nacimiento

надмірна вага
el sobrepeso

слуховий апарат

el audífono

дезінфікуючий засіб

el desinfectante

інфекція

la infección

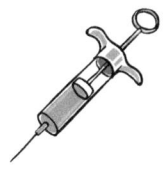

вірус

el virus

ВІЛ / СНІД

VIH / SIDA

медицина

la medicina

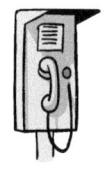

вакцинація

la vacunación

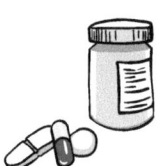

таблетки

las tabletas

протизаплідна пігулка

la pastilla anticonceptiva

екстрений виклик

la llamada de emergencia

тонометр

el medidor de presión

хворий / здоровий

enfermo / sano

сигнал тривоги

la alarma

напад

la agresión

Допоможіть!

¡Socorro!

атака

el ataque

небезпека

el peligro

аварійний вихід

la salida de emergencia

Вогонь!

¡Fuego!

вогнегасник

el extintor de incendios

аварія

el accidente

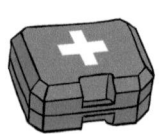

аптечка

el botiquín de primeros auxilios

СОС

SOS

поліція

la policía

Європа

Europa

Північна Америка

Norteamérica

Південна Америка

Sudamérica

Африка

África

Азія

Asia

Австралія

Australia

Атлантика

el Atlántico

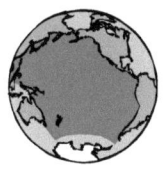

Тихий океан

el Pacífico

Індійський океан

el Océano Índico

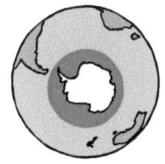

Антарктичний океан

el Océano Antártico

Північний Льодовитий
океан

el Océano Ártico

Північний полюс

el polo norte

Південний полюс

el polo sur

Антарктика

la Antártida

Земля

la tierra

суша

la tierra

море

el mar

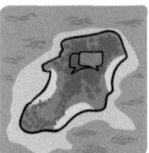

острів

la isla

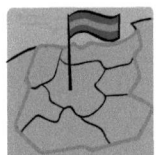

нація

la nación

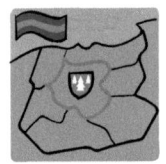

держава

el estado

циферблат

la esfera

годинникова стрілка

la manecilla de las horas

хвилинна стрілка

el minutero

секундна стрілка

el segundero

Котра година?

¿Qué hora es?

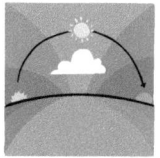

день

el día

час

la hora

зараз

ahora

цифровий годинник

el reloj digital

хвилина

el minuto

година

la hora

тиждень

la semana

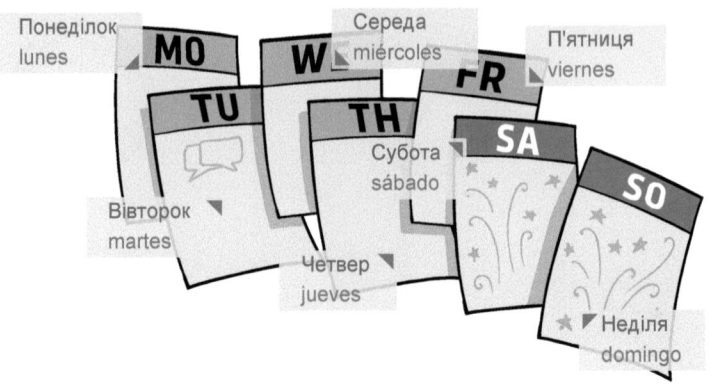

Понеділок
lunes

Середа
miércoles

П'ятниця
viernes

Вівторок
martes

Четвер
jueves

Субота
sábado

Неділя
domingo

вчора

ayer

сьогодні

hoy

завтра

mañana

ранок

la mañana

опівдні

el mediodía

вечір

la tarde

робочі дні

los días laborables

кінець робочого тижня

el fin de semana

рік

el año

дощ
la lluvia
веселка
el arco iris
сніг
la nieve
вітер
el viento
весна
la primavera
осінь
el otoño
літо
el verano
зима
el invierno

4.APRIL 11°
5.APRIL 4°
6.APRIL 13°
7.APRIL 8°
8.APRIL 10°

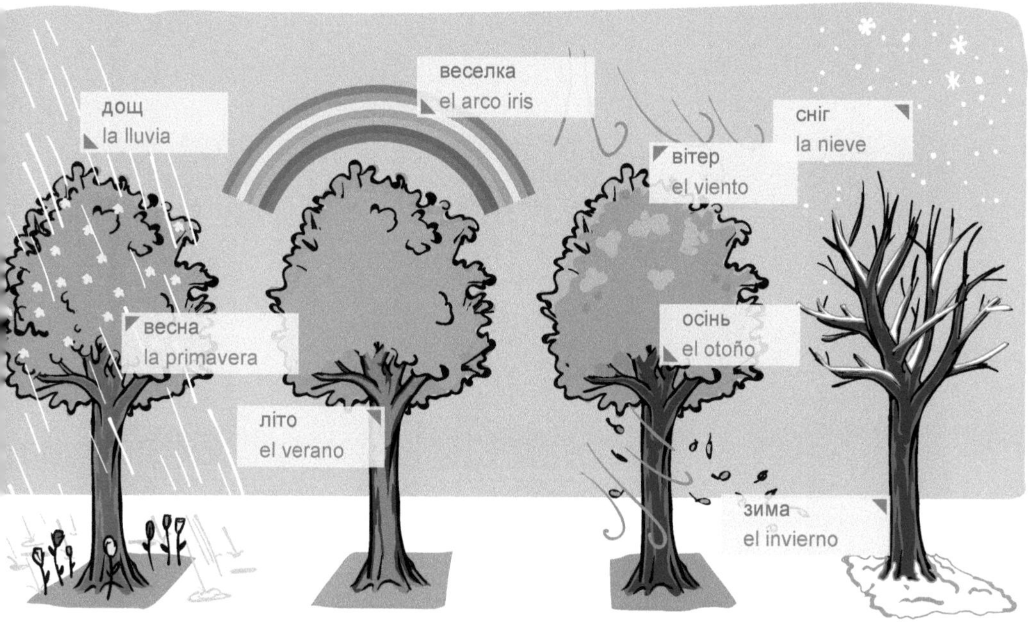

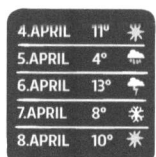

прогноз погоди

el pronóstico del tiempo

F
C
120
90
60
30
0
-30
40
30
20
10
0
-10
-20

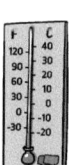

термометр

el termómetro

сонячне світло

el sol

хмара

la nube

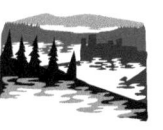

туман

la niebla

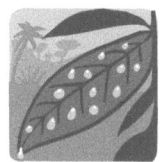

вологість повітря

la humedad

блискавка

el rayo

грім

el trueno

шторм

la tormenta

град

el granizo

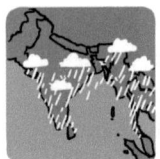

мусон

el monzón

повінь

la inundación

лід

el hielo

Січень

enero

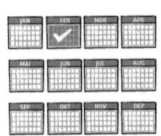

Лютий

febrero

Березень

marzo

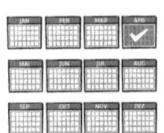

Квітень

abril

Травень

mayo

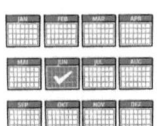

Червень

junio

Липень

julio

Серпень

agosto

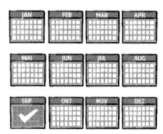

Вересень

septiembre

Жовтень

octubre

Листопад

noviembre

Грудень

diciembre

форми
las formas

круг

el círculo

квадрат

el cuadrado

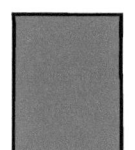

прямокутник

el rectángulo

трикутник

el triángulo

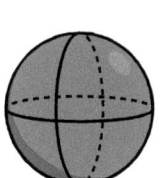

куля

la esfera

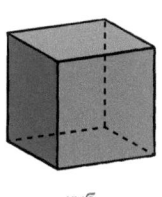

куб

el cubo

фарби
colores

білий

blanco

жовтий

amarillo

помаранчевий

naranja

рожевий

rosa

червоний

rojo

фіолетовий

morado

синій

azul

зелений

verde

коричневий

marrón

сірий

gris

чорний

negro

багато / мало

mucho / poco

лютий / мирний

enojado / tranquilo

гарний / бридкий

bonito / feo

початок / кінець

principio / fin

великий / малий

grande / pequeño

світлий / темний

claro / oscuro

брат / сестра

el hermano / la hermana

чистий / брудний

limpio / sucio

завершений / незавершений

completo / incompleto

день / ніч

el día / la noche

мертвий / живий

muerto / vivo

широкий / вузький

ancho / angosto

їстівний / неїстівний

comestible / no comestible

злий / дружній

malo / amable

збуджений / нудьгуючий

entusiasmado / aburrido

товстий / тонкий

gordo / delgado

спочатку / востаннє

primero / último

друг / ворог

el amigo / el enemigo

повний / порожній

lleno / vacío

жорсткий / м'який

duro / blando

важкий / легкий

pesado / ligero

голод / спрага

el hambre / la sed

хворий / здоровий

enfermo / sano

незаконний / законний

ilegal / legal

розумний / дурний

inteligente / tonto

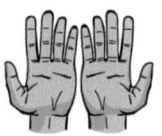

вліво / вправо

izquierda / derecha

поруч / далеко

cerca / lejos

новий / використаний

nuevo / usado

нічого / щось

nada / algo

старий / молодий

viejo / joven

вкл / викл

encendido / apagado

відкрито / закрито

abierto / cerrado

тихо / гучно

silencioso / ruidoso

багатий / бідний

rico / pobre

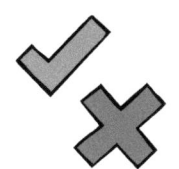

правильно / неправильно

correcto / incorrecto

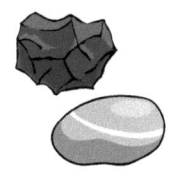

шорсткий / гладкий

áspero / suave

сумний / щасливий

triste / contento

короткий / довгий

corto / largo

повільно / швидко

lento / rápido

вологий / сухий

húmedo / seco

гарячий / холодний

caliente / frío

війна / мир

guerra / paz

протилежності - los opuestos

0

нуль

cero

1

один

uno

2

два

dos

3

три

tres

4

чотири

cuatro

5

п'ять

cinco

6

шість

seis

7

сім

siete

8

вісім

ocho

9

дев'ять

nueve

10

десять

diez

11

одинадцять

once

12
дванадцять

doce

13
тринадцять

trece

14
чотирнадцять

catorce

15
п'ятнадцять

quince

16
шістнадцять

dieciséis

17
сімнадцять

diecisiete

18
вісімнадцять

dieciocho

19
дев'ятнадцять

diecinueve

20
двадцять

veinte

100
сто

cien

1.000
тисяча

mil

1.000.000
мільйон

el millón

числа - los números

англійська

el inglés

американська англійська

el inglés americano

китайська
високочиновницька

el chino mandarín

хінді

el hindi

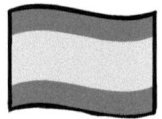

іспанська

el español

французька

el francés

арабська

el árabe

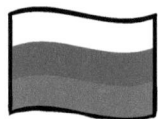

російська

el ruso

португальська

el portugués

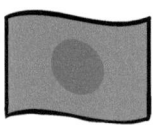

бенгальська

el bengalí

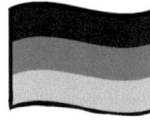

німецька

el alemán

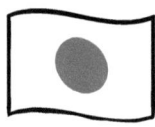

японська

el japonés

я
yo

ти
tú

він / вона / воно
él / ella

ми
nosotros

ви
vosotros

вони
ellos

хто?
¿quién?

що?
¿qué?

як?
¿cómo?

де?
¿dónde?

коли?
¿cuándo?

ім'я
el nombre

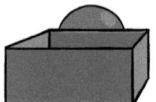

ззаду

detrás

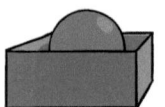

в

en

перед

delante de

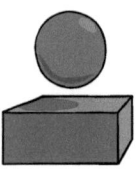

над

por encima de

на

sobre

під

debajo de

біля

junto a

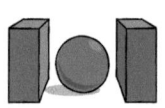

між

entre

місце

el lugar